Der, welcher wandelt
diese Strasse voll Beschwerden,
wird rein durch Feuer,
Wasser, Luft und Erden

Aus Mozart, Zauberflöte

Lorenz Fischer

Erde

Wasser

Luft

Feuer

Baden-Verlag

| Erde | Wasser | Luft | Feuer |

Lorenz Fischer | **Erde**
| **Wasser**
| **Luft**
| **Feuer**

Ich tue | Ich fühle | Ich denke | Ich will

Verlag:
Baden-Verlag, Baden/Schweiz
Konzept und Gestaltung:
Paul Bieger, Baden-Verlag
Herstellung:
Buchdruckerei AG,
Druckzentrum Dättwil, Baden
Einband:
Buchbinderei Burkhardt AG,
Mönchaltdorf
© 1995, Lorenz Fischer
ISBN 3-85545-092-7
Printed in Switzerland

Geboren am 28. Juni 1935 im Zeichen des Krebses in Luzern. Verheiratet, zwei erwachsene Kinder Hobbys: Fotografie, Alpinismus, Tauchen, Reisen, Sammeln von Cypraeen (Porzellanschnecken)

Nach dem Gymnasium, Typus A, Lehre als Fachfotograf bei Otto Pfeifer, Kunstpreisträger der Stadt Luzern 1994. 1961 Kunstgewerbeschule Vevey, Ecole des Arts et Métiers, Section de photographie. 1956 Beginn einer freien journalistischen Tätigkeit als Filmkritiker beim «Vaterland». 1962/63 freie Mitarbeit (Bild und Text), beim Verlag C. J. Bucher für LNN, Heim und Leben, Familienfreund, Abeille und Camera.
Seit 1964 ununterbrochen in verschiedenen Funktionen als Journalist/Redaktor BR und Fotograf beim «Vaterland» tätig. Ab 1964 auch verantwortlich für die Automobilseite.
Seit der Fusion «Vaterland»/«Luzerner Tagblatt» zur «Luzerner Zeitung», 1991, Leiter des Foto-Teams der «Luzerner Zeitung»

Angaben zur Kamera-Ausrüstung
Aufnahmen 1958 bis 1963:
Rolleiflex, Leica
Aufnahmen ab 1962:
Nikon F, Nikon F 2, Nikon F 3, Nikon F 4, Nikon F 90, Nikon F 90 X
Vereinzelt: Hasselblad
Diverse Nikon-Objektive von 18 mm – 210 mm, Sigma 400 mm F 5,6 Apo, Sigma Mirror 600 mm F 8

Lorenz Fischer

Lorenz Fischer
und die vier Elemente

Der Versuch
zu einer Auseinandersetzung
mit einem Bildband

Von Pius Achermann

Der Luzerner Fotograf und Journalist Lorenz Fischer ist einer jener wenigen Zeitungsfotografen, die ihr Handwerk immer auch als künstlerischen Auftrag verstanden. Der vorliegende Bildband bringt einen Querschnitt aus seinem rund vierzigjährigen Schaffen mit der Kamera – vielleicht nicht so sehr als Reporter auf der Jagd nach Tagesaktualitäten, aber immer mit dem geschärften Blick für das Besondere, auch, und vor allem, im Alltäglichen. Bewusst wurde in diesem Werk auf das Farbbild verzichtet: Lorenz Fischers Schwarzweiss-Bilder entstehen zur einen Hälfte in der Kamera über das Objektiv, zur andern im Entwicklungslabor, in der Dunkelkammer und am Schneidetisch. Die Originalprints des Fotografen wurden denn auch in einer subtilen Duplex-Technik reproduziert und zweifarbig mit Schwarz und Grau gedruckt.

Warum haben wir nun aber den Bilderreigen den vier Elementen Feuer, Wasser, Luft und Erde zugeordnet? Zum einen bilden die vier Elemente zusammen das Symbol der Ganzheit. Lorenz Fischer ist ein ganzheitlicher Fotograf. Er mag Vorlieben für das eine wie das andere haben. Aber nicht zuletzt sein Beruf, der ihm immer auch Berufung war, zwang ihn, sich mit «allem» auseinanderzusetzen.

Zum andern: Mit der Zuordnung der Bilder zu den einzelnen Grundelementen versuchen wir, den Betrachter in die Pflicht zu nehmen. Fotobände werden im allgemeinen «konsumiert». Die Zuordnung soll zur Auseinandersetzung führen. Warum wird dieses Bild ausgerechnet dem Element «Erde» zugeordnet, warum jenes dem «Feuer»? Die Antwort hat der Betrachter selber zu geben. Und so bekommen die Bilder nebst ihrer fotografischen «Tiefenschärfe» so etwas wie einen «esoterischen Rahmen». Wir bauen ein Spannungsfeld auf zwischen dem durch den Fotografen geschaffenen Abbild und dem subjektiven Empfinden des Betrachters.

Dazu gilt es die Eigenschaften, welche über Jahrtausende den vier Elementen zugeordnet worden sind, in Erinnerung zu rufen. Wir stützen uns dabei auf Hajo Banzhafs «Der Mensch in seinen Elementen» (Wilhelm Goldmann Verlag, München, 1993):

Erde ist der tragende Boden unter den Füssen, das greifbarste der vier Elemente. Entsprechend sind ihr auch die Sternzeichen Steinbock, Stier und Jungfrau zugeordnet. Erde gibt Halt und lässt sich strukturieren. Durch Wege und Wegweiser wird hier die Orientierung ermöglicht und erleichtert. Auf den Menschen übertragen, steht Erde für den Körper mit seinen Sinnen. Wir können den Erdmenschen deshalb den sinnlichen Menschen, aber auch den Wirklichkeitsmenschen nennen. Wenn Erde und Berge gleichzusetzen wären: Lorenz Fischer «verstieg» sich in seinen jüngeren Jahren bis zu den Achttausendern des Himalaja-Gebirges.

Wasser ist das Element der tiefsten Tiefe und der grenzenlosen Weite. Hier erfolgt die Orientierung nicht auf Pfaden, sondern auf Schwingungen. Von aussen betrachtet, erscheint Wasser sogar richtungs- und orientierungslos. Das Element Wasser verbindet jedoch unsichtbar alles mit jedem. Schwingungen werden ausgesandt und kommen als Echo aus der Unendlichkeit zurück. Die Orientierung in dunkelster Tiefe erfolgt über das Gespür, über die Instinkte. Zum Wasser gehören die Sternzeichen Krebs, Skorpion und Fisch. Auf den Menschen übertragen, steht dieses sich stets bewegende Element in seiner grenzenlosen Weite und unergründlichen Tiefe für die menschliche Seele und die Welt der Gefühle. Deshalb können wir den Wassermenschen den Gefühlsmenschen nennen, den Feinfühligen, den Instinktreichen, den Medialen. Übrigens: Lorenz Fischer tauchte lange Jahre entlang der Mittelmeerküsten in Italien und Spanien.

Luft ist dagegen das Element, das Klarheit und Weitblick ermöglicht, das mit einer frischen Brise trübe Gedanken verscheucht, das alles in dieser Welt von allen Seiten umgibt und dabei bis in die kleinste Pore eindringt. Die Sternzeichen Waage, Wassermann und Zwillinge sind der Luft zugeordnet. Luft ist ein treffendes Bild für den menschlichen Verstand, der in gleicher Weise für Weitsicht Sorge tragen kann und als analytische Kraft in die Wirklichkeit dieser Welt eindringt, um ihre Geheimnisse zu ergründen. Wir können den Luftmenschen deshalb auch den Verstandesmenschen nennen, den Analytiker, Theoretiker, den Erklärer, den Rätsellöser. Liegt hier vielleicht auch der Schlüssel zur Kombination verborgen, welche das Auge des Fotografen mit der Technik seiner Kamera verbindet?

Während sich die oben erwähnten Elemente auch in der Natur der Tiere spiegeln (Erde = Körper, Wasser = Instinkte, Luft = Lernfähigkeit), bleibt das Feuer allein dem Menschen vorbehalten. Nur ihm ist es gelungen, diese Urkraft zu domestizieren, und jeder Mensch hat bis auf den heutigen Tag seinen Tribut an diese erste, gewaltige Zivilisationsleistung zu

entrichten, indem er sich als Kind erst einige Male die Finger verbrennt, bevor er lernt, mit der Feuerkraft umzugehen. Feuer ist der göttliche Funken im Menschen. Die nach oben strebende Flamme ist ein Bild für den nach höheren Idealen strebenden Menschen. Um dieses Ziel zu erreichen, unterwirft der Feuermensch die Instinkte seiner Willenskraft, zügelt sich und versucht, seine niedere Natur in eine höhere zu verwandeln. Zum Feuer gehören die Sternzeichen Widder, Löwe und Schütze. Im Feuer wird er zum Willensmenschen, aber auch zum Idealisten und zu einem moralischen, wertenden Menschen.
Lorenz Fischers Engagement als homo politicus im Parlament der Stadt Luzern, aber auch als Redaktor in einer Tageszeitung mag mit diesem Bereich des «Gestaltenwollens» in Verbindung gebracht werden.
Noch einmal:
Auseinandersetzung – nicht nur Konsumation.
Wenn uns das gelungen ist, hat dieser Bildband seinen Zweck in hohem Mass erfüllt.

Lorenz Fischer –
ein optischer Mensch

Über seine ausgeprägte Beobachtungsgabe für das Aussergewöhnliche und Harmonische

Von Lorenz Andreas Fischer

Fotografie unterliegt in der heutigen Zeit einem rasanten Wandel. Die digitale Datenverarbeitung eröffnet den Bildaufnahme- und Bildverarbeitungstechniken revolutionäre Möglichkeiten: vollelektronische Kameras, computergestützte Bildverarbeitung, Bildübermittlung durch die Steckdose. Dies alles unter dem Diktat der Geschwindigkeit.
Zudem hat Fotografieren die Massen angesteckt. Kaum jemand, der keine Kamera besitzt, Urlaubs- und Erinnerungsfotos werden millionenfach geschossen.
Trotz der Konkurrenz durch die Elektronik, durch Bits und Byte und der Konkurrenz durch Fernsehen und Video hat die herkömmliche Fotografie nichts von ihrer Aktualität eingebüsst – und noch weniger von ihrer Faszination.
Fotografien zeigen kein Abbild der Realität. Wohl gibt es Abzüge mit mehr dokumentarischem Charakter als andere, aber immer steht hinter dem Bild ein Bildgestalter, der über den gewählten Ausschnitt, die verwendete Optik, den eingelegten Film und die Entwicklungstechnik bestimmt. Fotografen kreieren ihre Kompositionen.
Die Bildsprache der Fotografie wirkt gleichzeitig auf Kopf und Bauch. Dadurch vermag sie tiefer liegende Bewusstseinsebenen anzusprechen, ohne den Filter des Intellekts zu passieren. Gute Fotografie ist ergreifend, weil sie unvermittelt die Seele zu bewegen weiss.
Lorenz Fischer, mein Vater, ist kein Mensch, der gerne grosse Worte verliert. Bescheidenheit und Ehrlichkeit sind Grundzüge seines Wesens. Neben einem starken, manchmal aufbrausenden Gemüt prägt eine sensible und gefühlsbetonte Seite seinen Charakter.
Zum Selbstverständnis von Lorenz Fischer als Fotograf gehört auch die Aussage von Helmut Newton «Jeder Fotograf ist ein Voyeur». Mit viel Sensibilität und geschärftem Blick beobachtet Lorenz Fischer seine Mitwelt. «Ich bin ein optischer Mensch» charakterisiert er sich gerne selber. Seine ausgeprägte Beobachtungsgabe, gepaart mit dem subtilen Empfinden für das Aussergewöhnliche und Harmonische, verleihen seinen Fotografien den typischen Stil.
Erde, Luft, Feuer, Wasser – die vier Naturelemente geben dem vorliegenden Fotobildband den Rahmen. Die vier Elemente repräsentieren ausserdem einen weiteren wichtigen Charakterzug von Lorenz Fischer: seine Naturverbundenheit.
Die Nähe zur Natur hat er unter anderem bei verschiedenen sportlichen Tätigkeiten gesucht, sei es als Mittel- und Langstreckenläufer, als Alpinist oder als Gerätetaucher. Immer war er bei diesen sportlichen Aktivitäten auch mit der Kamera dabei und hat das Wesen dieser Sportarten mit der Kamera dokumentiert.
Die Vorliebe zur Natur und im besonderen zur Biologie – er wollte einmal Botaniker werden – ist in seinen Fotografien wieder anzutreffen.
Die vier Elemente standen bei den Griechen für die Grundstoffe, aus denen der ganze Kosmos beschaffen ist. An diesem grundlegenden Denkmodell des elementaren Aufbaus aller Dinge hat sich auch durch die Erkenntnisse der Chemie bis heute nichts geändert.
An die vier Elemente als einigende und aufbauende Einheiten hinter der überschwenglichen Vielfalt der Erscheinungen knüpft sich im vorliegenden Bildband eine kritische Auswahl der gelungensten Aufnahmen von Lorenz Fischer. Ein Querschnitt, der ein rund vierzig Jahre währendes Schaffen als Fotograf und Fotoreporter repräsentiert. Somit werden «Die vier Elemente» zu einem Leckerbissen für alle Foto-Fans und zu einem Dokument Innerschweizer Foto-Geschichte.

Licht und Schatten zeichnen scharfe Konturen in diese alte, windschiefe Scheune. Dierikon, August 1982	Die Urkraft des Lebens offenbart sich immer wieder im Baum. Entlebuch, Juli 1988	«Herr, gib uns unser täglich Brot…» Lefkas, August 1964	Wer kann diesem Mütterchen am «Zibelemärit» widerstehen, das hier seine Knollen anpreist? Bern, November 1960

Erde

Erde
Wasser
Luft
Feuer

Olivenbäume – göttliches Geschenk Athenaes an die Menschheit. Griechenland, 1966	Und wieder diese archaischen Formen, wie man ihnen in Griechenland begegnen kann. Lefkas, August 1964	Hartes Sonnenlicht zeichnet strenge, aber reizvolle Konturen in eine öde Landschaft. Marokko, November 1982	Nebelmeer mit dem Pilatus im Hintergrund. Rigi, Dezember 1992

Karge Landschaft – und dann plötzlich oasenhaft Palmen, Lehmburgen und ein Minarett. Ouarzazate, Februar 1985	Hinter zarten Frühlings-Knospen wächst der Eiffelturm schlank in die Höhe. Paris, April 1985	Spuren im feinen Sand und zwei Sonnenhungrige. Estoril, November 1989	Bistro-Szene: Paris, wie es leibt und lebt. Paris, 1959
			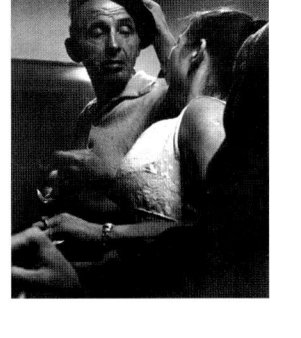

Erde

Erde
Wasser
Luft
Feuer

Ruhig und gelassen sitzt diese Nepali-Frau vor ihrem Haus im Lang Tang. Nepal, November 1968	Marokkaner im Gleichschritt vor einer Teppich-Kulisse. Marrakesch, November 1982	Unbeschwertes, fröhliches Gespräch in einer unberührten Landschaft. Nepal, Oktober 1968	Ein kleines Mädchen und ein grosser Pausenplatz: Kreide und viel Phantasie. Hitzkirch, Dezember 1962

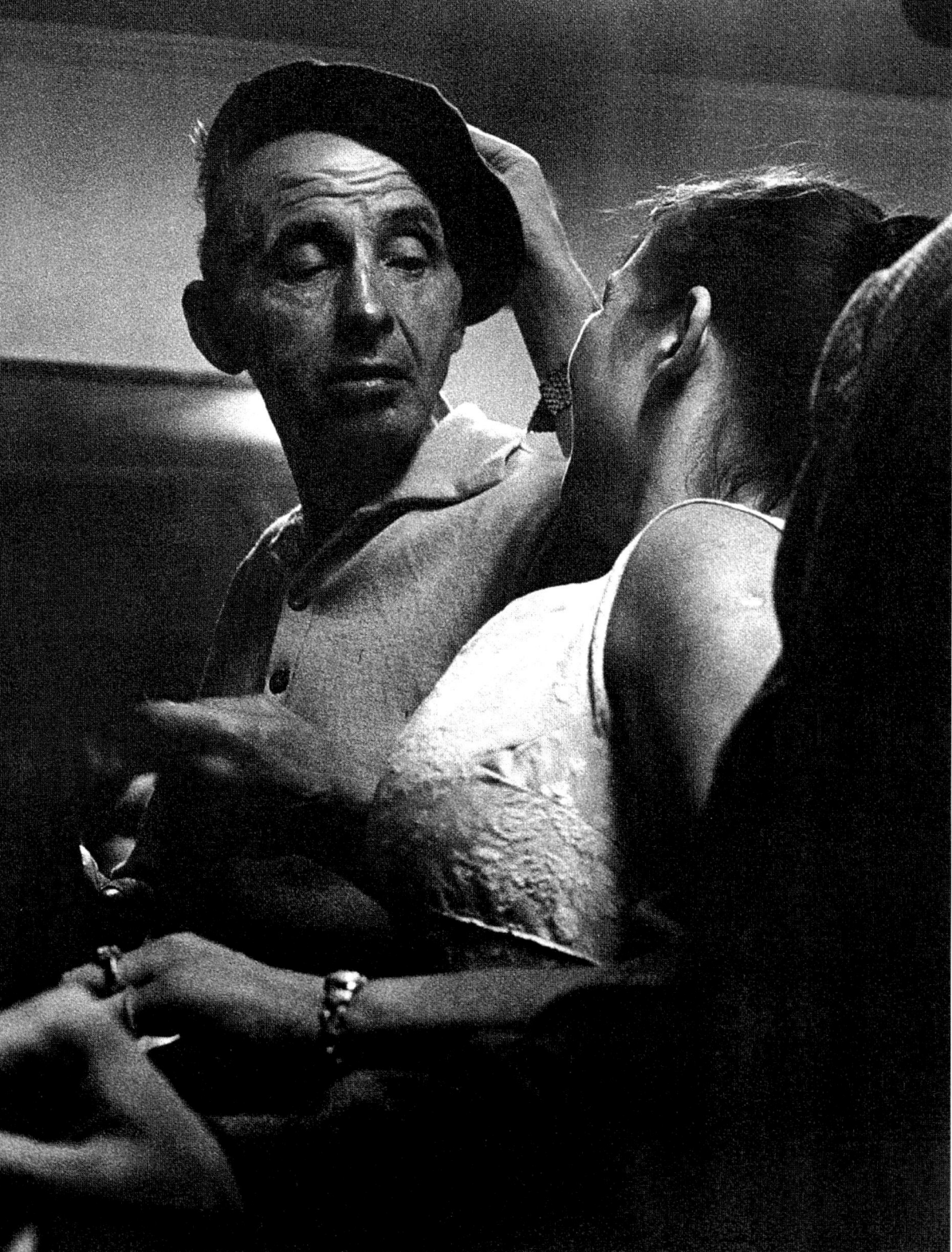

Der fragende Blick eines kleinen Mädchens in einem Sherpa-Dorf auf unserem Weg zum Basislager. Nepal, Oktober 1968	Leise Melancholie – oder ist es Angst vor dem fremden Mann – spricht aus den Augen dieses jemenitischen Mädchens. Saana, September 1989	Meine Tochter Karin als fünfjähriges Mädchen. Heute ist sie kaufmännische Angestellte/Beraterin. Luzern, 1969	Mein Sohn Lorenz Andreas als vierjähriger Lausbube. Heute ist er dipl. Biologe. Luzern, 1970
		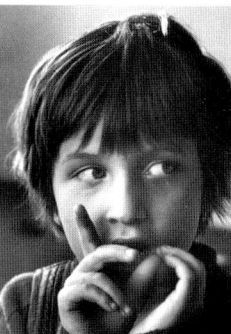	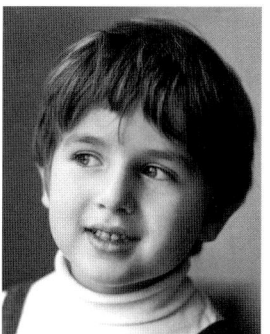

Erde
Wasser
Luft
Feuer

Natur pur –
hier harte Gesteinsformationen,
dort die weichen Linien
eines Frauenkörpers.
Elba, August 1975

Sanfte Konturen
im abendlichen Gegenlicht.
Vevey, 1961

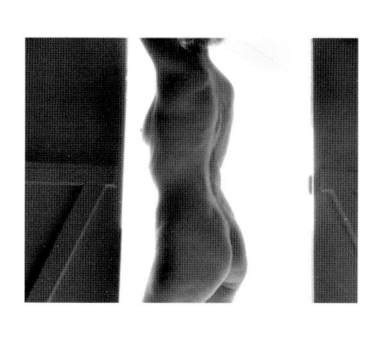

Die Zeit nagte auf humorvolle Weise
an diesem Mauerstück.
Paris, 1961

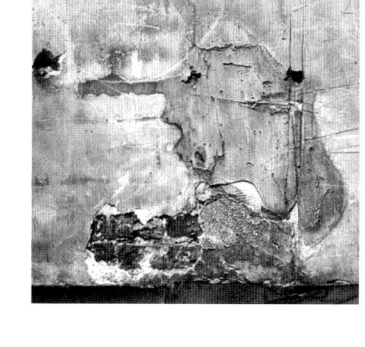

Berge von Altpapier –
Pressekonferenz vor einem «Altar»
der Konsumgesellschaft.
Perlen, Februar 1992

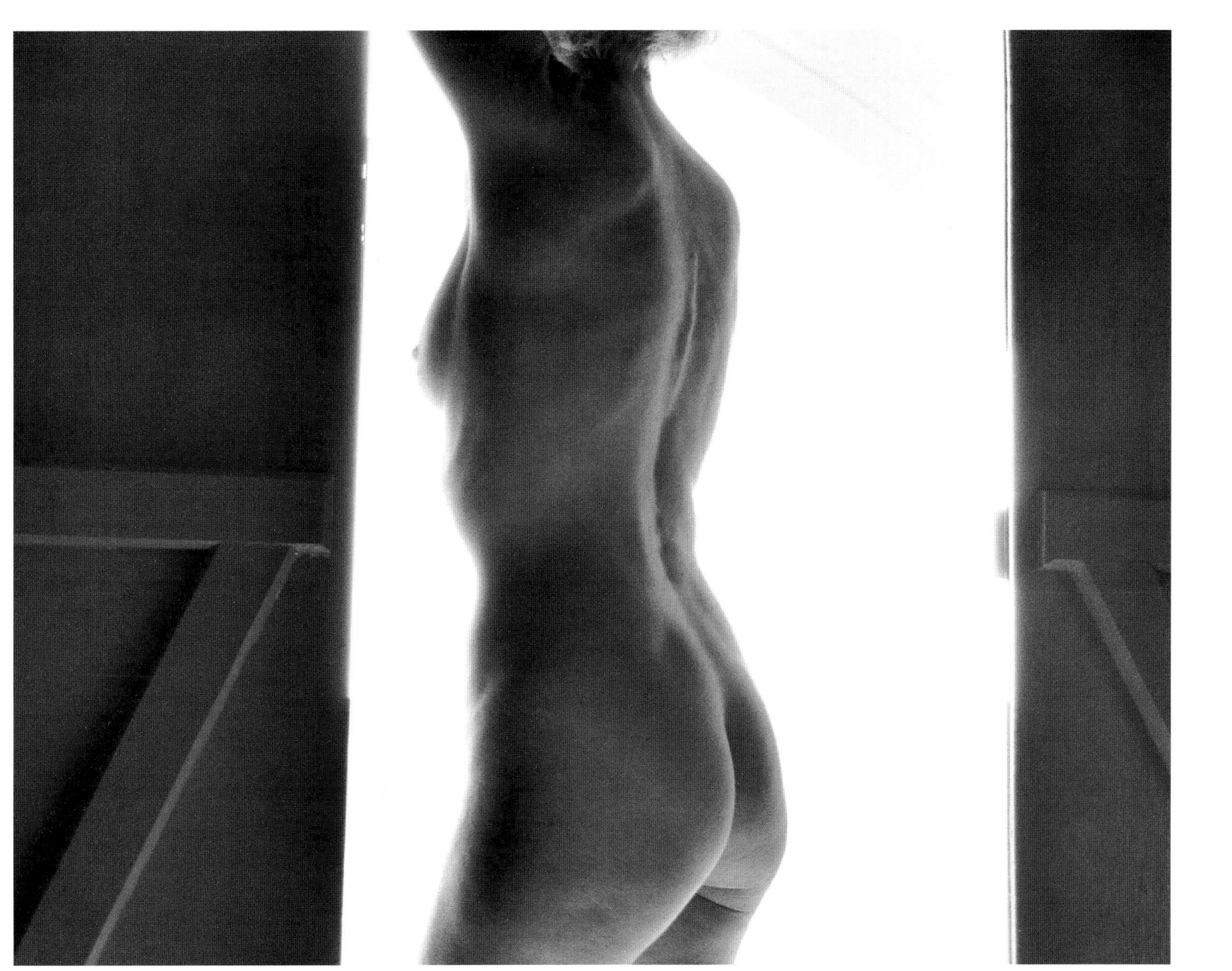

Leise Poesie strahlt die untergehende Sonne auf die Wasser vor der Insel Elba aus. Elba, 1975	Wasser – ein Geschenk der Natur, ohne das ein jedes Lebewesen verloren wäre. Vierwaldstättersee, Mai 1980	Camargue – ein Landstrich Frankreichs, der mit seiner Lichtfülle fasziniert. Stes-Maries-de-la-Mer, 1965	Ein letztesmal treffen die Strahlen der untergehenden Sonne dieses Fischerboot. Bali, 1991
			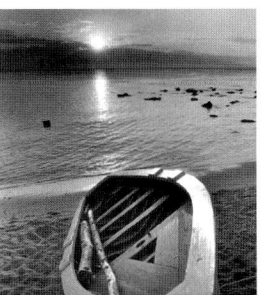

Wasser

Erde
Wasser
Luft
Feuer

Die sinkende Sonne erweist dem Matterhorn Reverenz und gleisst im Stellisee. Zermatt, August 1990	Bald prasseln Regentropfen erneut auf Steg, See und Urner Gebirgswelt. Brunnen, August 1991	Kleines, zerbrechliches Segelschiff in der Unendlichkeit des Indischen Ozeans. Mauritius, 1988	Was wären die Kanäle Venedigs ohne die schmalen Gondeln – Zeugen althergebrachter Handwerkskunst. Venedig, Juli 1968
			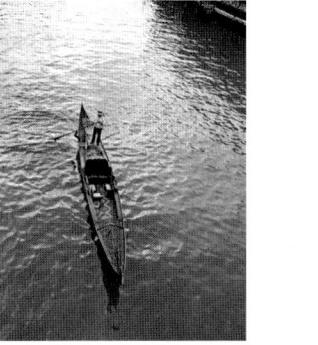

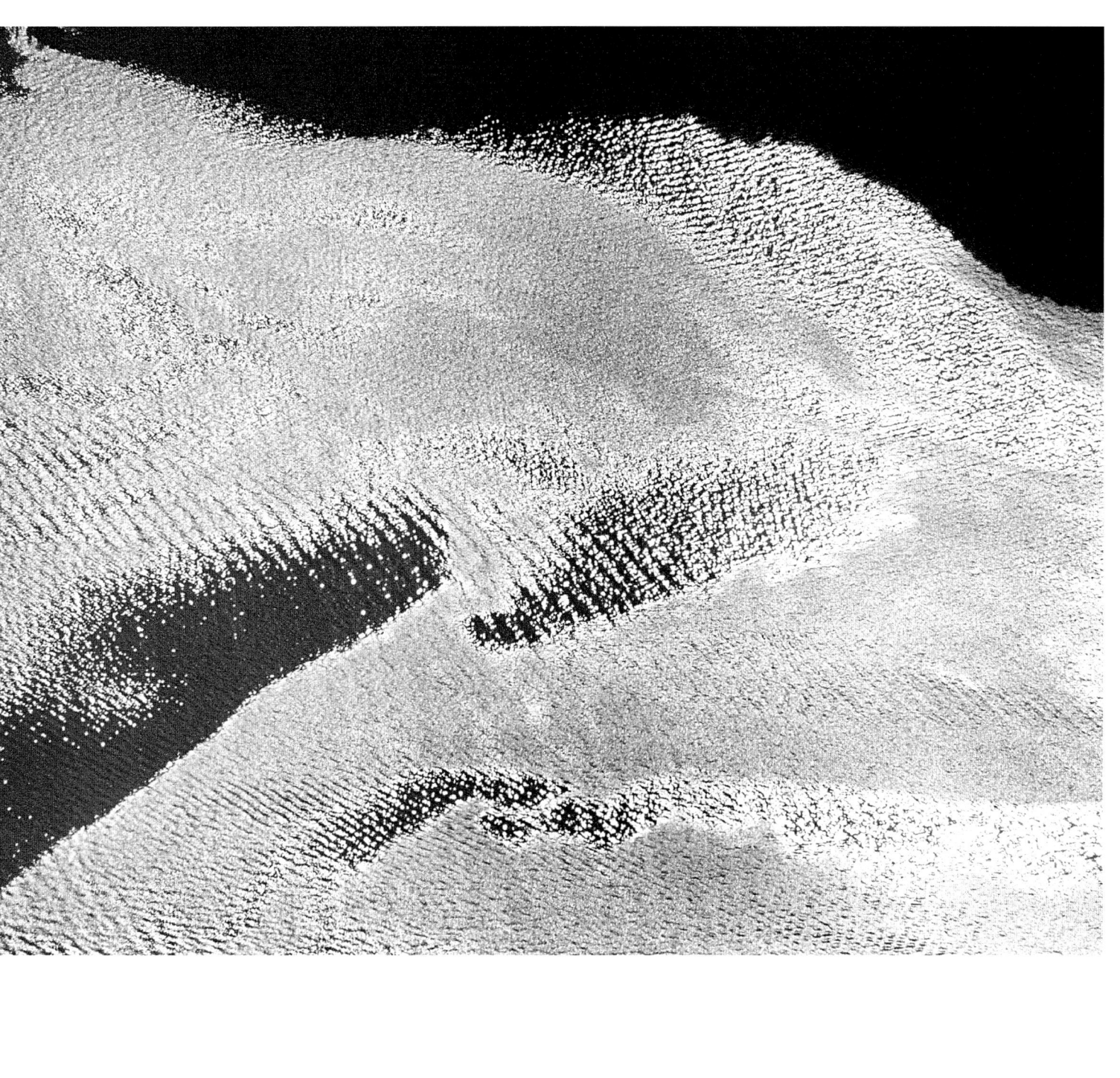

Fische – unentbehrliches Nahrungsmittel der Mittelmeer-Bewohner. Lissabon, 1975	Ein Hafen am Meer weckt in mir immer Fernweh und den Drang zu Entdeckungsfahrten. Bandol, 1973	Frische, unverdorbene Natur, wie sie heute immer seltener wird. Schweden, 1993	Wilde, ungezähmte Wogen rollen auf die Küste zu. Elba, 1975

Wasser

Erde
Wasser
Luft
Feuer

Schönheit der Natur – Gewitterstimmung über dem Atlantik. Estoril, 1974

Am Indischen Ozean neigt sich der Tag seinem Ende entgegen. Bali, Juni 1992

Tauwerk – von Sonne, Wind und Wetter gezeichnet –, unentbehrliches Hilfsmittel von Fischern. Griechenland, August 1987

Maurisches Ziegelwerk hoch über der idyllischen Bucht Granadella. Jávea, Mai 1983

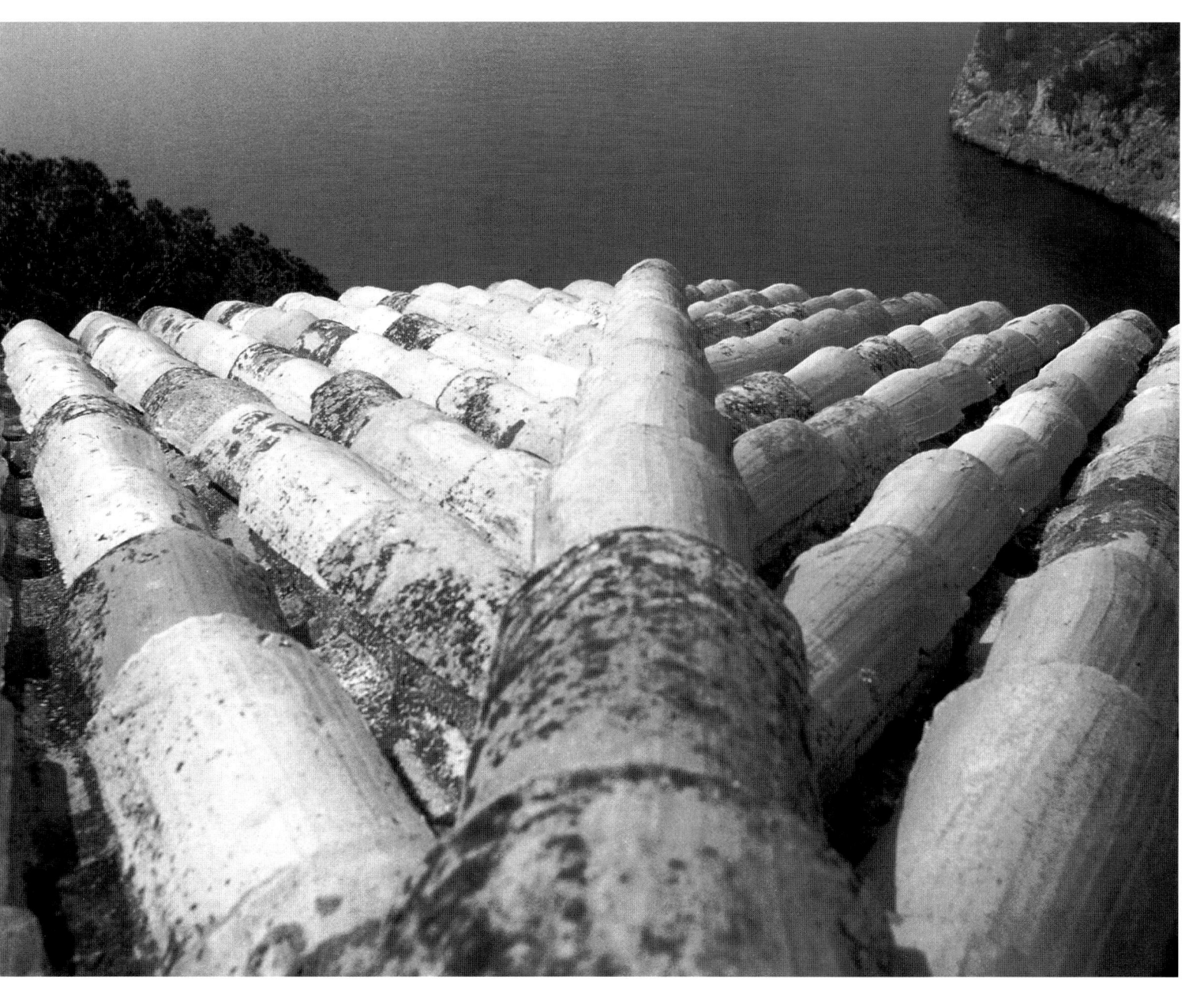

Wer genau hinschaut,
entdeckt den Winter auch als
grafischen Gestalter.
Rotsee, 1970

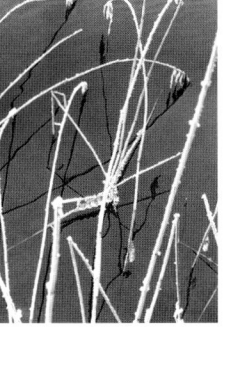

Kostbaren Perlenschnüren gleich,
überrascht dieses Spinnennetz
am frühen Herbstmorgen.
Luzern, 1980

Scharfe Konturen
in tief-winterlicher Landschaft,
gesehen auf einem Flug von Zürich
nach Saanden.
Engadin, Januar 1981

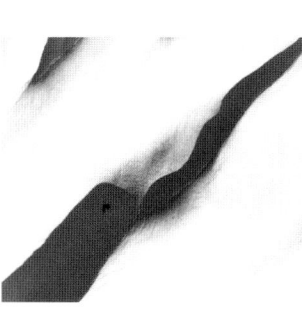

Sternen gleich
tanzen Sonnenreflexe keck
über den Wassern des Mittelmeeres.
Cannes, Januar 1995

Erde

Wasser

Luft

Feuer

Füsilier-Rekruten
bauen einen Notsteg über die Reuss.
Rathausen, Juli 1961

Schweisstropfen vermengen sich
mit Wasserspritzern – harter Kampf
auf und mit dem Wasser.
Rotsee, Juli 1968

Italianità –
ein kleines Mädchen hilft singend
beim Abwaschen im Hinterhof.
Florenz, 1960

Was eine Wasserpfütze nicht alles
kann – ein Luzerner Regierungsrat
steht Kopf an der Expo Lausanne.
Lausanne, Juni 1964

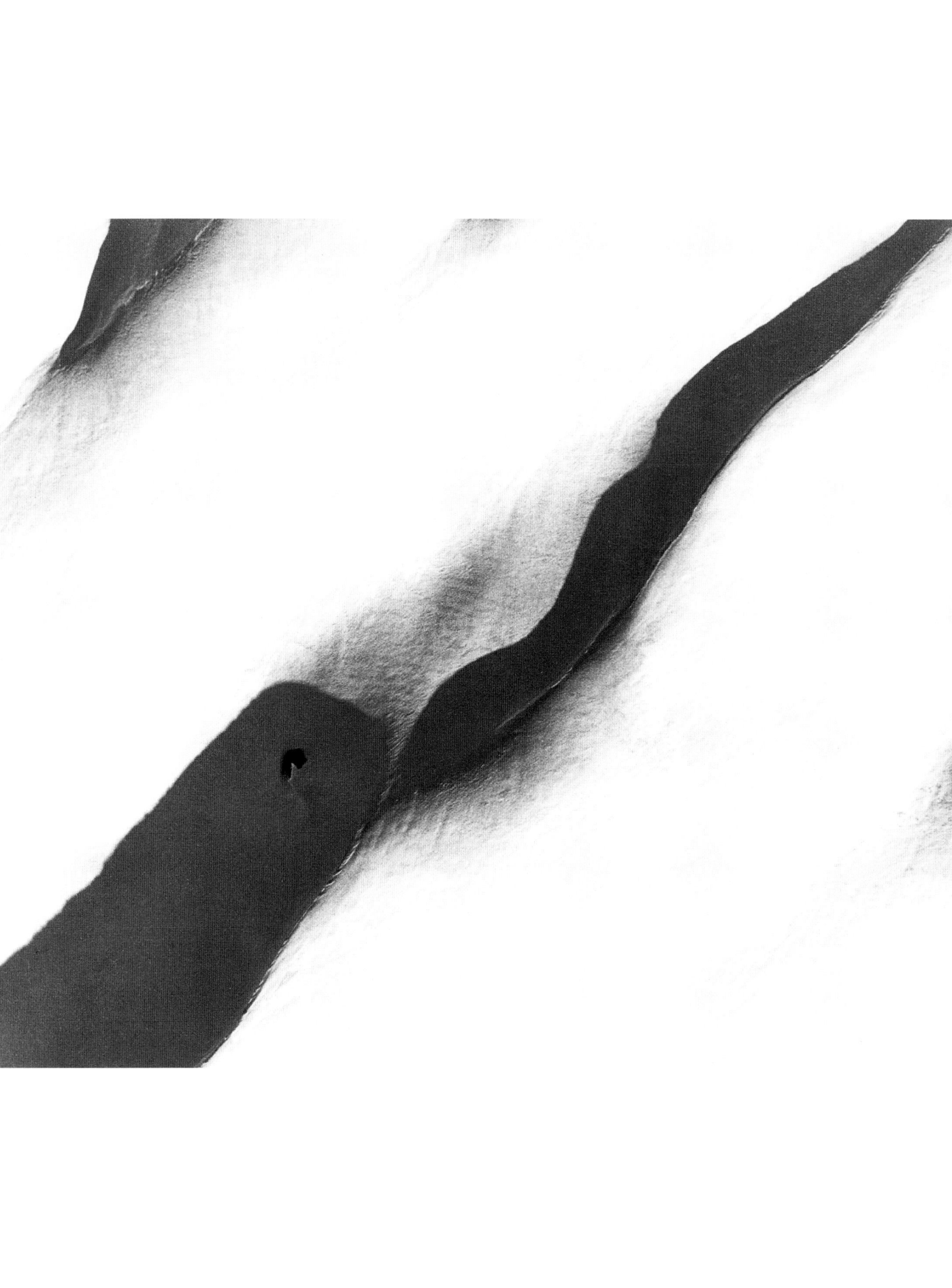

Luft, Wasser und Schilf –	Feuer, Luft und Erde.	Zauber der Abstraktion. Gedanken	Noch wissen Sie nicht,
Sonnenuntergang auf Elba.	Die majestätische Kulisse	an zarte Poesie organischer Formen,	was sie wollen.
Elba, 1975	mit dem Matterhorn.	über die schmale Perlenschnüre	Zwiegespräch an den Wassern des
	Monte-Rosa-Hütte, Juni 1972	fliessen, werden geweckt.	atlantischen Ozeans.
		Brienzer Rothorn, Februar 1972	Rio/Opanema, April 1985
		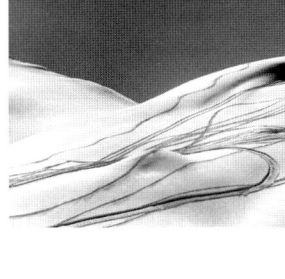	

Luft

Erde
Wasser
Luft
Feuer

Leise ziehen Nebelschwaden
durch die Hügellandschaft
des Mittellandes.
Flugbild, Herbst 1988

Zeppelinen gleich
schweben diese Wolken
über der Costa Blanca.
Villajoyosa, Februar 1982

Nebelschwaden ziehen im Herbst
über die Rengg.
Im Hintergrund die Voralpen.
Fräkmüntegg, November 1991

Der Blick durchs Cockpit-Fenster
überrascht gelegentlich
mit eigenartigen Wolkenbildern.
Über Kloten, 1980

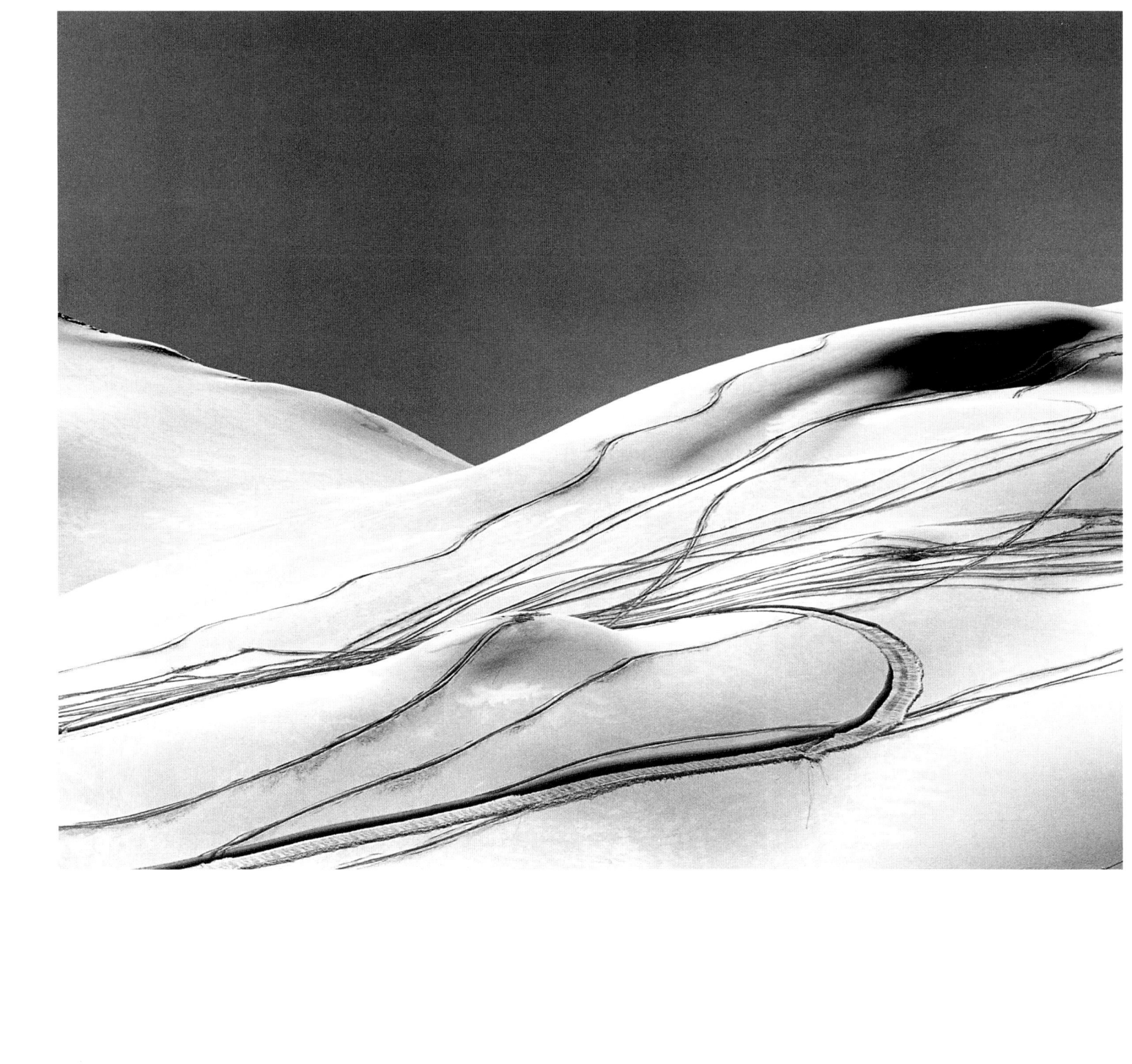

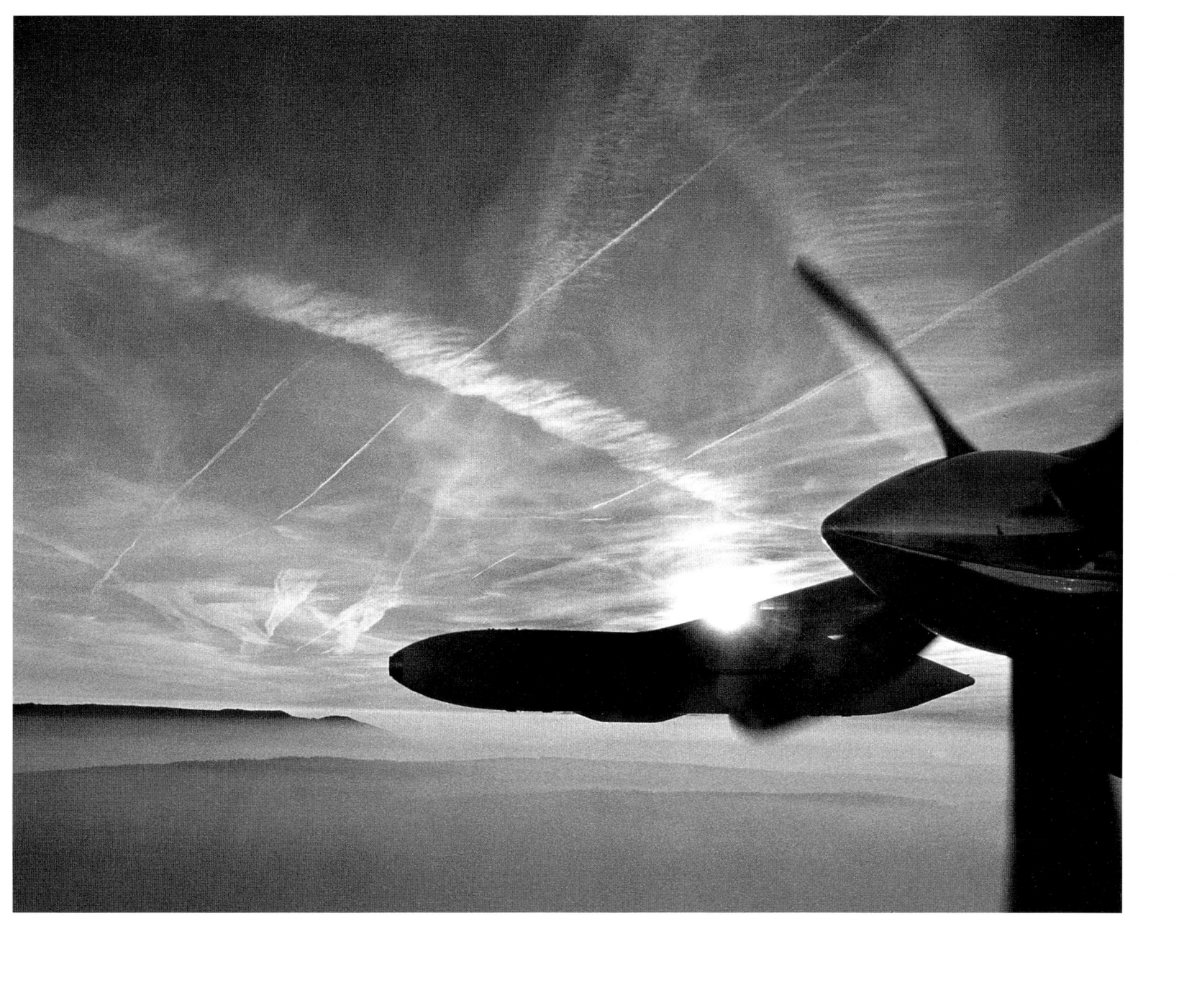

Nach hundert Jahren
wurde das Tagebuch von
«Miss Jemima's» Schweizerreise
nachgestellt.
Rigi-Kulm, Juli 1963

Der Genfer Automobilsalon
ist auch da, um gesehen zu werden.
Genf, März 1970

Und immer wieder mussten Hügel
um Hügel und Täler um Täler
auf dem Weg ins Basislager
überwunden werden.
Nepal, Oktober 1968

Ein prachtvolles Panorama
mit Brienzer See und Berner Alpen.
Brienzer Rothorn, 1982

Luft

Erde
Wasser
Luft
Feuer

Der Pilatus, Luzerns Hausberg, fasziniert Einheimische und fremde Gäste gleichermassen. Luzern, Juli 1993	Sonne und Wolken kämpfen um die Vorherrschaft. Melchsee-Frutt, Juli 1993	Copacabana beim Einnachten, einer der schönsten Strände der Welt. Rio de Janeiro, April 1985	Im leichten Nebeldunst zeigt sich die Silhouette von Budapest. Budapest, 1987

Bei Dreharbeiten Unter der Egg
wird Max Hauflers markanter Kopf
auf den Regenschirm projiziert.
Luzern, 1963

Der richtige Winkel muss stimmen,
um ein gutes Bild zu «knipsen».
Rio, auf dem Zuckerhut, April 1985

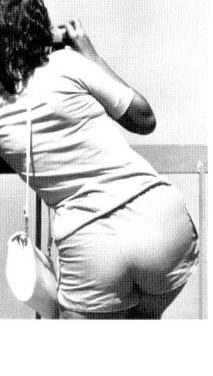

Luftig …
diese Kleidchen der Ehrendamen
am Fête de Genève.
Genf, August 1990

Zartes Spiegelbild
weiblicher Anmut – Greta Chi.
Luzern, November 1961

Luft

Erde
Wasser
Luft
Feuer

Laub- und Nadelbäume,
Duft von Harz und Flora –
Balsam für Körper und Seele.
Brünig-Hasliberg, Oktober 1993

Erde, Wasser, Palmen –
Spiegelbild in einem Nebenfluss
des Nils.
Assuan, 1990

Der Besuch von Circus Knie,
für mich jedes Jahr wieder
ein faszinierendes Erlebnis.
Rapperswil, März 1994

Imponierende Demonstration
der italienischen Frecce Tricolore
an der Air 94.
Buochs, Juli 1994

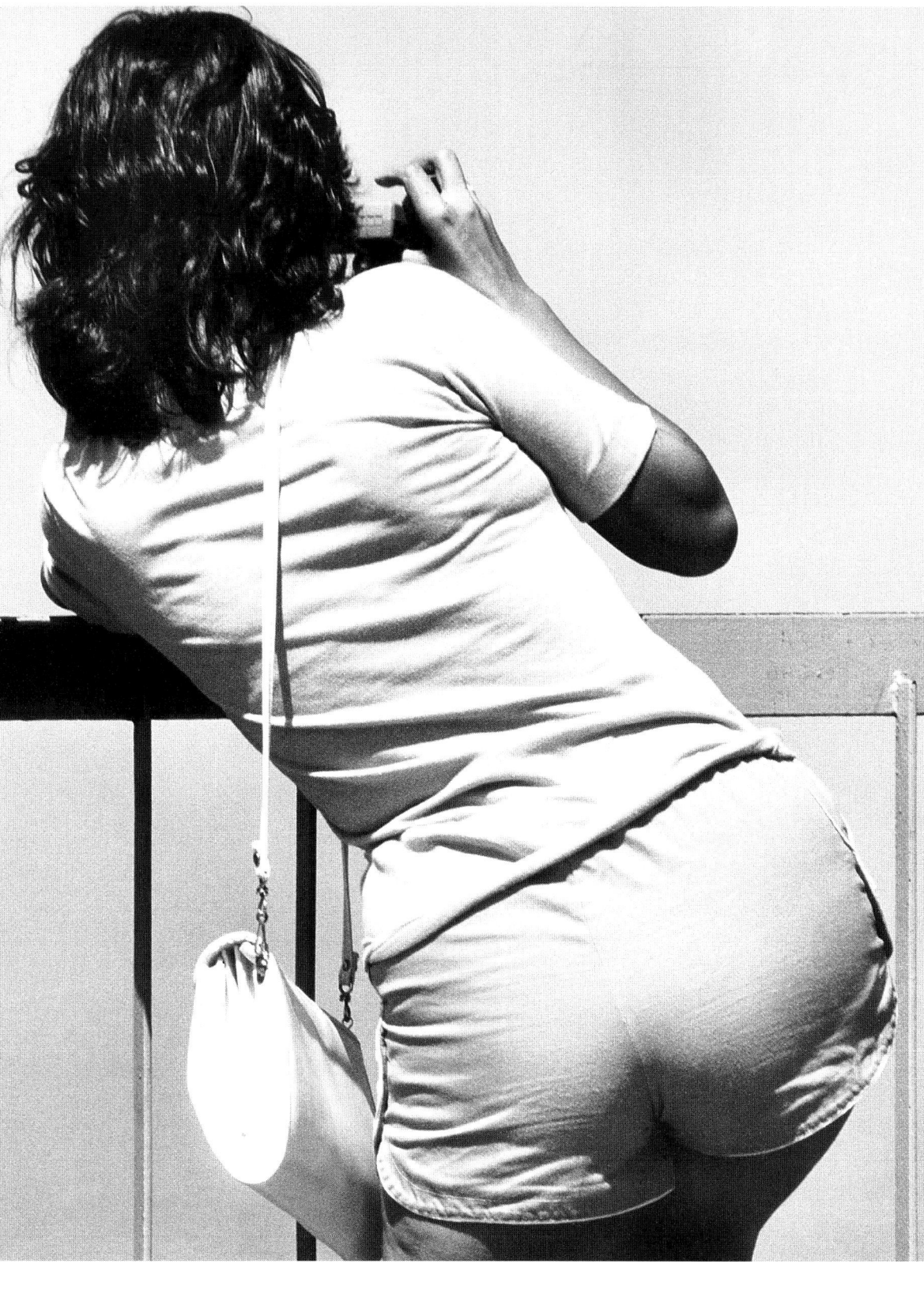

Der 18. August 1993 – Schreckensnacht für jeden Luzerner: Brand der Kapellbrücke. Luzern, August 1993	Ein Seenachtsfest fasziniert immer wieder jung und alt. Luzern, August 1979	Licht und Schatten anlässlich eines Jazz-Konzertes im Kunsthaus. Luzern, 1958	Ein Feuerwerk zeichnet Lichterschlangen in die Nacht. Luzern, Juli 1963
			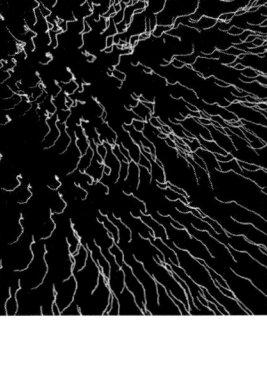

Feuer

Erde
Wasser
Luft
Feuer

Nicht umsonst wird die Sonne auch Feuerball genannt… Mauritius, November 1994	Die Sonne als feuriges Gestirn über dem Eiger. Heliflug von Alpnach ins Wallis. Berner Oberland, 1974	Eindrucksvolle Szene aus dem «Totentanz» von Josef Elias, gespielt von jungen Kantonsschülern. Luzern, 1961	Szenenbild aus dem Berner Totentanz vor der imposanten Kulisse des Münsters. Bern, Juni 1962

Eine Tänzerin bereitet sich auf ihre Darbietung im «Hungaria» vor.
Montreux, Mai 1961

Eine Tanzgruppe im Lichte der gleissenden Scheinwerfer.
Berlin, August 1990

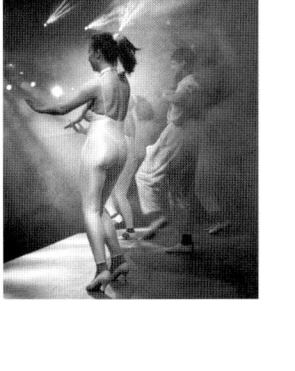

Sportlicher Ehrgeiz treibt diese jungen Burschen an.
Wer wird «Schnellster Chatzestrecker»?
Luzern, 1964

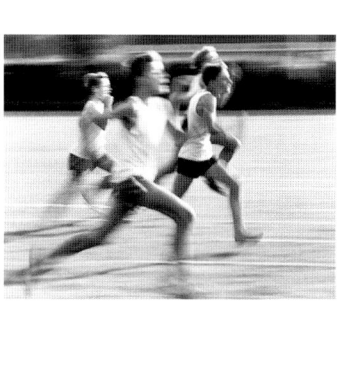

Noch wenige Sekunden, und dann schnellt diese dunkelhäutige Läuferin explosiv dem Ziel entgegen.
Luzern, August 1994

Feuer

Erde
Wasser
Luft
Feuer

Konzentriert wird am CSIO auf der Hausermatte bereits das nächste Hindernis anvisiert. Luzern, 1960	Schöne Karosserien und hübsche, feurige Mädchen – Augenschmaus in früheren Jahren an den Automobilsalons. Turin, April 1972	Bevor die Scheinwerfer wieder gleissen, ruhen diese edlen Karosserien unter ihren «Nachthemden». Genf, März 1979	Welch hübsches, sanftes Profil in diesem robusten, harten Geländefahrzeug. Genf, Februar 1975
		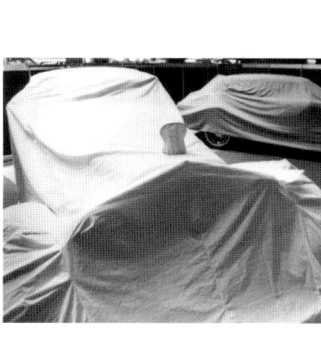	

Zeitungslektüre in der Februarsonne in Nizza. Nizza, Februar 1995	Was geht in diesem Mädchen vor? Erhält es auf seine Frage eine Antwort? Vevey, März 1961	Gut getarnt wartet dieser Füsilier am Waldrand auf seinen Einsatz. Eigenthal, 1965	Füsiliere zeichnen mit Leuchtspur-Munition gespenstische Spuren in die Nacht. Ibergeregg, 1980
			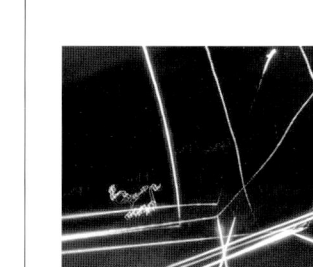

Erde

Wasser

Luft

Feuer

Damals galten sie noch etwas, die wackeren Trainsoldaten der Schweizer Armee.
Schaffhausen, 1969

Symbol schweizerischer Wehrbereitschaft an einem Rapport auf dem Rütli.
Rütli, September 1964

Stille, gläubige Hingabe im Kerzenschein in der Kirche St-Sulpice.
Paris, Mai 1959

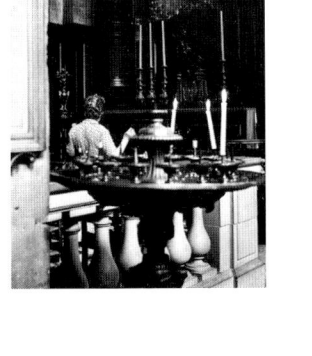

Steil dringt die Sonne in das idyllische Rosengässchen in der Luzerner Kleinstadt.
Luzern, 1960

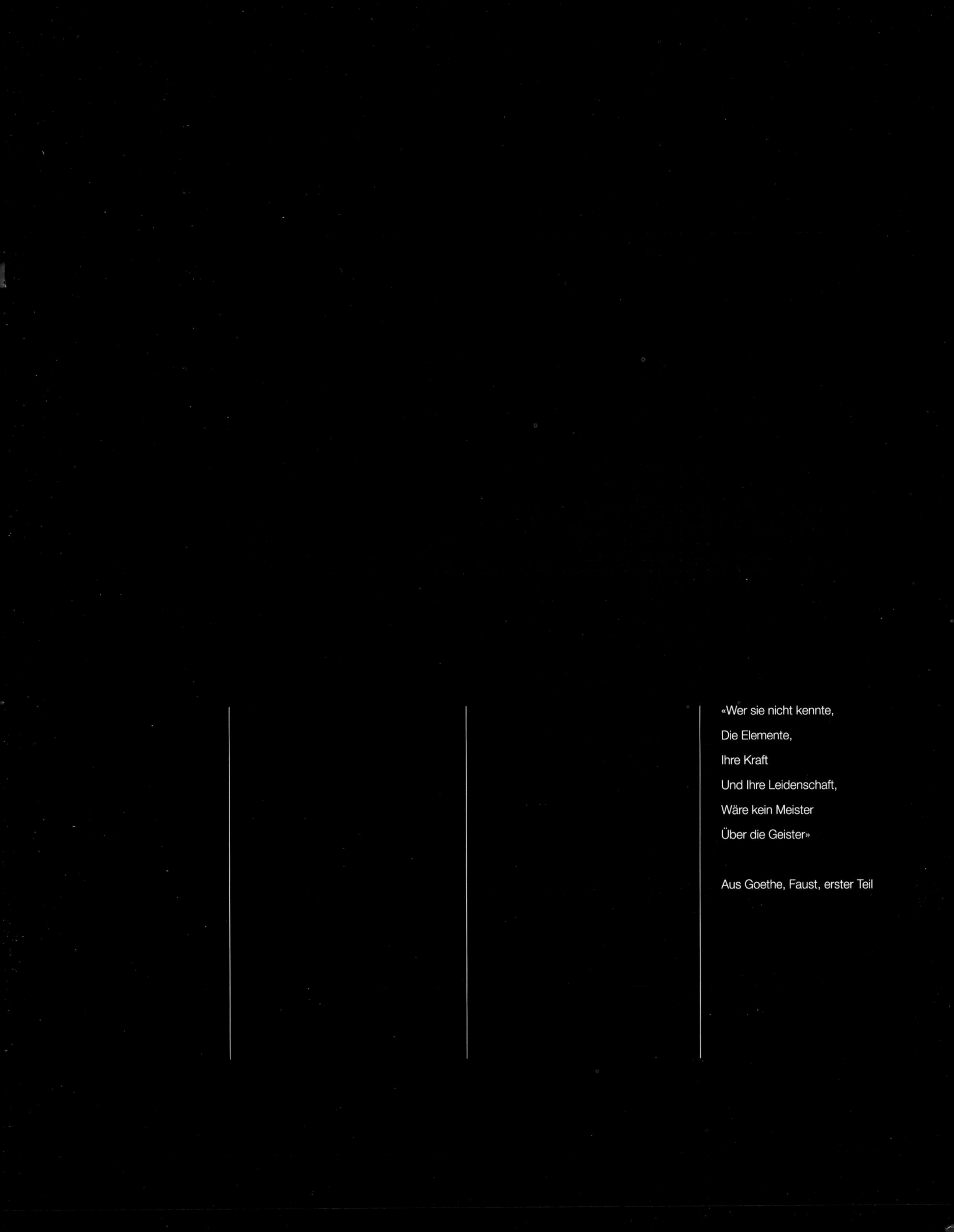

«Wer sie nicht kennte,
Die Elemente,
Ihre Kraft
Und Ihre Leidenschaft,
Wäre kein Meister
Über die Geister»

Aus Goethe, Faust, erster Teil